Anton C. Huber

# Vorstellungsgespräche durch 3-D-Strategie erfolgreich meistern

**Verstehen Sie die wahren Absichten hinter Fragen im Vorstellungsgespräch. Erarbeiten Sie Ihre richtige, authentische Antwort-Strategie.**

Bibliografische Information der Deutschen Nationalbibliothek:
Die Deutsche Nationalbibliothek verzeichnet diese Publikation in der Deutschen Nationalbibliografie; detaillierte bibliografische Daten sind im Internet über http://dnb.dnb.de abrufbar.

© 2013 Anton C. Huber

Bilder: © **Picture-Factory - Fotolia.com**
Lektorat: **Dr. Lotte Husung**

Herstellung und Verlag:
BoD – Books on Demand, Norderstedt

ISBN: 978-3-7347-8478-1

# Inhaltsverzeichnis

**1 Die drei Dimensionen des 3-D-Modells** 10

**2 Die erste Dimension: 3 Grundfragen** 11

2.1 »Can you do the job?« - Fähigkeiten 12

2.2 »Will you love the job?« - Motivation 13

2.3 »Can we tolerate working with you?« - Passt es? 16

**3 Die zweite Dimension: 3 Zeitebenen** 16

**4 Die dritte Dimension: Authentizität** 18

**5 Fragen in 30 Kategorien** 20

5.1 Aktives Zuhören 21

5.2 Auftreten 22

5.3 Ausdauer 24

5.4 Belastbarkeit 25

5.5 Empathie 27

5.6 Entscheidungsfreude 28

5.7 Fachkenntnisse 30

5.8 Flexibilität 31

5.9 Frustrationstoleranz 33

5.10 Initiative 35

| | |
|---|---|
| 5.11 Integrität | 37 |
| 5.12 Integrationsfähigkeit / Integrationsbereitschaft | 38 |
| 5.13 Kreativität | 39 |
| 5.14 Konfliktverhalten | 41 |
| 5.15 Kontaktfähigkeit und Auftreten | 42 |
| 5.16 Leistungsbereitschaft | 43 |
| 5.17 Lernbereitschaft | 44 |
| 5.18 Mitarbeiterführung | 46 |
| 5.19 Motivation (stellenbezogen) | 47 |
| 5.20 Mündlicher Ausdruck | 48 |
| 5.21 Umsetzungskompetenz | 50 |
| 5.22 Urteilsvermögen | 52 |
| 5.23 Planung und Organisation | 53 |
| 5.24 Problemanalyse | 54 |
| 5.25 Schriftlicher Ausdruck | 56 |
| 5.26 Selbstständigkeit | 57 |
| 5.27 Sorgfalt | 59 |
| 5.28 Teamfähigkeit | 60 |
| 5.29 Verhandlungsgeschick | 61 |
| 5.30 Verkaufsgewandtheit | 62 |
| **6 Antwort-Strategie im Vorstellungsgespräch** | **64** |

*Das Werk einschließlich aller Inhalte ist urheberrechtlich geschützt. Alle Rechte vorbehalten. Nachdruck oder Reproduktion (auch auszugsweise) in irgendeiner Form (Druck, Fotokopie oder anderes Verfahren) sowie die Einspeicherung, Verarbeitung, Vervielfältigung und Verbreitung mit Hilfe elektronischer Systeme jeglicher Art, gesamt oder auszugsweise, ist ohne ausdrückliche schriftliche Genehmigung des Verlages untersagt. Alle Übersetzungsrechte vorbehalten.*

*Die Benutzung dieses Buches und die Umsetzung der darin enthaltenen Informationen erfolgt ausdrücklich auf eigenes Risiko. Der Verlag und auch der Autor können für etwaige Unfälle und Schäden jeder Art, die sich beim Besuch von in diesem Buch aufgeführten Orten ergeben (z.B. aufgrund fehlender Sicherheitshinweise), aus keinem Rechtsgrund eine Haftung übernehmen. Rechts- und Schadenersatzansprüche sind ausgeschlossen.*

*Das Werk inklusive aller Inhalte wurde unter größter Sorgfalt erarbeitet. Dennoch können Druckfehler und Falschinformationen nicht vollständig ausgeschlossen werden. Der Verlag und auch der Autor übernehmen keine Haftung für die Aktualität, Richtigkeit und Vollständigkeit der Inhalte des Buches, ebenso nicht für Druckfehler. Es kann keine juristische Verantwortung sowie Haftung in irgendeiner Form für fehlerhafte Angaben und daraus entstandenen Folgen vom Verlag bzw. Autor übernommen werden. Für die Inhalte von den in diesem Buch abgedruckten Internetseiten sind ausschließlich die Betreiber der jeweiligen Internetseiten verantwortlich.*

## Vorwort

Wer zu einem Vorstellungsgespräch eingeladen wird, hat die erste Hürde bereits genommen. Basierend auf den eingereichten Unterlagen geht der potenzielle Arbeitgeber davon aus, dass die eingeladene Person in der Lage ist, die ausgeschriebene Stelle, oder in seltenen Fällen eine andere Stelle im Unternehmen, auszufüllen.

Im Sport würde man sagen, dass der Wettkämpfer es ins Finale geschafft hat. Von oft über hundert Bewerbungen ist eine Handvoll übrig geblieben, und der Kandidat ist einer der Auserwählten.

Ob der Bewerber[1] die letzten Herausforderungen meistert und es zu einem Vertragsangebot kommt, hängt nun von einigen Faktoren ab, die überall gleich sind.

---

[1] Der leichteren Lesbarkeit wegen wird im Text ausschließlich die männliche Form verwendet. Natürlich sind auch weibliche Personen immer mit gemeint.

Zumindest wenn der Kandidat es mit einer professionellen Personalabteilung zu tun hat. In diesem Ratgeber decke ich diese entscheidenden Faktoren auf. Ich möchte dem Leser damit einen wesentlichen Vorteil beim Auswahlgespräch verschaffen.

Wenn Sie wissen, was Ihr Gegenüber von Ihnen erwartet, haben Sie nämlich einen klaren Vorsprung.

Ich wünsche Ihnen viel Erfolg in Ihrem Vorstellungsgespräch

Ihr Anton C. Huber
Senior Recruiting Specialist

# 1 Die drei Dimensionen des 3-D-Modells

Das 3-D-Modell basiert auf den drei grundlegenden Dimensionen eines Vorstellungsgespräches.

Die erste Dimension beinhaltet die drei Grundfragen, die ein professioneller Rekruter in jedem Einstellungsgespräch klären will. Wenn auch nur eine dieser drei Grundfragen nicht zufriedenstellend geklärt wird, findet der Kandidat keine weitere Berücksichtigung mehr.

Die zweite Dimension, die der drei Zeitebenen, sucht eine Antwort auf die Frage, wo der Kandidat geistig steht. Ist er schon bereit, eine neue Herausforderung anzugehen? Oder ist er beispielsweise noch in einer Phase, in der er seine Erfahrungen aus der letzten Anstellung zu verarbeiten sucht?

Die dritte Dimension stellt für viele HR-Fachleute und Kandidaten die größte Herausforderung dar. Geht es doch hier darum zu erkennen, ob die Antworten des Kandidaten authentisch oder nur »gut gelernt« sind.

Ein Kandidat muss auf allen drei Ebenen überzeugen, um »in die nächste Runde zu kommen« und damit weitere Mitbewerber um die Stelle hinter sich zu lassen.

## 2    Die erste Dimension: 3 Grundfragen

Im Jahr 2011 überschrieb George Bradt in Forbes seinen Artikel mit dem Titel: »Top executive recruiters agree there are only three true job interview questions.«[2]

In der Tat enthüllte er damit nichts Neues,

---

[2] Link: http://www.forbes.com/sites/georgebradt/2011/04/27/top-executive-recruiters-agree-there-are-only-three-key-job-interview-questions/

sondern umriss vielmehr eine Tatsache, die in jeder HR-Ausbildung, die ihren Namen verdient, längst bekannt ist. Es geht in Einstellungsgesprächen darum, die Fragen nach Fähigkeiten und Motivation zu klären, und schlussendlich soll sich erweisen, ob der Kandidat ins Unternehmen, in die Abteilung und ins Team passt.

Kandidaten können sich einen erheblichen Vorteil verschaffen, indem sie bei Fragen, soweit dies passt, auch die drei Dimensionen berücksichtigen. Eine klassische Frage, die hierzu viele Möglichkeiten bietet, ist die wohlbekannte »Warum Sie«-Frage.

## 2.1 »Can you do the job? « - Fähigkeiten

Die Frage nach den Fähigkeiten ist die wohl einfachste. Würde der Arbeitgeber nicht davon ausgehen, dass Sie die für den Job notwendigen Fähigkeiten mitbringen, hätte er

Sie nicht eingeladen. Es geht hier hauptsächlich darum zu verifizieren, dass die Angaben im Lebenslauf und den weiteren Unterlagen auch wirklich stimmen. Darüber hinaus werden eventuell nicht aus den Unterlagen ersichtliche Informationen ergänzt.

Ebenfalls ein wichtiger Gesichtspunkt ist es, in diesem Zusammenhang die eigenen Kompetenzen darzustellen. Es ist ein Unterschied, ob Ihnen ein Resultat quasi zugefallen ist oder ob Sie es durch aktive Einwirkung erreicht haben.

## 2.2 »Will you love the job?« - Motivation

Kein Arbeitgeber will Mitarbeiter einstellen, die sich nur bewerben, um »irgendetwas zu haben«. Als interner (oder externer) Dienstleister muss er die Überzeugung gewinnen, dass Sie die Stelle wirklich wollen.

Sie punkten, wenn Sie in dieser Fragenkategorie darstellen können, dass Sie sich mit der Stelle und dem potenziellen Arbeitgeber schon vorab auseinandergesetzt haben.

Erfolg versprechende Ansätze sind dabei:

- Sie lassen in Ihren eigenen Fragen, aber auch in den Antworten auf die Ihnen gestellten Fragen erkennen, dass Sie sich schon mit der Firma, ihren Produkten, der Stelle und dem Marktumfeld auseinandergesetzt haben.
- Sie lassen durchblicken, dass Sie sich auch emotional bereits mit der ausgeschriebenen Stelle identifizieren, indem Sie beispielsweise Formulierungen wählen wie: »In der ausgeschriebenen Stelle könnte ich ...«. Seien Sie aber vorsichtig mit Aussagen, die dem Gegenüber das Gefühl geben könnten,

Sie hätten die Stelle bereits in der Tasche. Ihr Gesprächspartner könnte sich dadurch übergangen fühlen und entsprechend negativ reagieren.
- Zeigen Sie Interesse für Ihre künftige Stelle. Es kann angebracht erscheinen, dass Sie sich nach einem typischen Tag in der Arbeitsstelle erkundigen etc.

Ein wichtiges Plus in jedem Bewerbungsprozess kann es sein, wenn Sie, soweit diese Möglichkeit besteht, vorgängig bereits Kontakt mit der in der Stellenausschreibung genannten Person oder ggf. mit einem Bekannten aufgenommen haben, der in besagter Firma arbeitet. So können Sie vielleicht im Vorhinein wichtige Fragen klären, und sind durch die im Vorgespräch gewonnenen Erkenntnisse wiederum in der Lage, im Vorstellungsgespräch Ihr spezifisches Interesse an der Firma darzulegen.

## 2.3 »Can we tolerate working with you?« - Passt es?

Die besten Qualifikationen und die überzeugende Motivation eines Kandidaten bringen nichts, wenn er nicht ins Team passt. Diese Fragestellung ist zugegebenermaßen die schwierigste. Wahrscheinlich kennen Sie das Team nicht und die Firma auch nur von außen. Viel mehr als Interesse zu zeigen (Vorbereitung, Fragen stellen etc.) werden Sie hierbei von Ihrer Seite her kaum anbieten können.

## 3 Die zweite Dimension: 3 Zeitebenen

Innerhalb der zweiten Dimension, der 3 Zeitebenen, wird primär eine Antwort auf die Frage gesucht, ob Sie emotionell überhaupt bereit sind, eine neue Herausforderung anzunehmen.

Wer unendlich lange über vergangene Stellen referiert und mit seinen Antworten den Eindruck erweckt, dass er sich gefühlsmäßig noch nicht von der letzten Arbeitsstelle abgenabelt hat, wird für einen neuen Arbeitgeber zum Risiko.

Auch ein sozial denkender Vorgesetzter, der seine Mitarbeiter zu unterstützen sucht, wird sich nicht jemanden ins Boot holen wollen, der Unterstützung von einem Coach oder Psychologen braucht, um mit der letzten Stelle abzuschließen. Auch ist es wenig gefragt, in jeder Diskussion mehrfach darüber zu referieren, wie es »früher bei Firma X« war.

Eine optimale Verteilung in diesbezüglichen Antworten sieht so aus: 20% Vergangenheit, 40% Heute und 40% Zukunftsschau. Das heißt, Sie können von Erlebnissen in der Vergangenheit ausgehen, es empfiehlt sich aber, womöglich mehr

Gewicht auf das Heute und die Zukunft zu legen. Als vereinfachtes Beispiel sei hier erwähnt: »Ich habe X erlebt, daraus habe ich für mein Leben Y gelernt und das hilft mir nun, für die Zukunft Z anzustreben.«

## 4 Die dritte Dimension: Authentizität

Kennen Sie die Ratgeber zum Thema »Was sage ich, wenn ich nach Schwächen gefragt werde«? Wie kann ich Schwächen aufzählen, die mein Gegenüber als Stärken empfindet? Eine oft genannte Option ist dabei »Ungeduld«.

Hunderte von Kandidaten antworten so. Wenn Sie »auf der anderen Seite des Tisches« säßen und die Antwort das x-te Mal hörten, würden Sie sich womöglich verschaukelt vorkommen.

Es spricht nichts dagegen, dass Sie

»Ungeduld« nennen, wenn dem wirklich so ist. Viel wichtiger als die konkrete Antwort auf diese und andere Fragen ist Ihrem Interviewer aber, ob sie authentisch sind. Insgesamt kann es Sinn machen, auch von Schwächen her einen Link zu positiven Gesichtspunkten zu ziehen, wenn es diese gibt, oder zum Beispiel darauf zu verweisen, was man tut, um an einer Schwäche zu arbeiten.

Ihr Gegenüber will Sie als ehrliche Person wahrnehmen, deren Antworten auch der Realität entsprechen. Antworten, die gut vorbereitet und wie auswendig gelernt daherkommen, wirken auf Ihr Gegenüber abschreckend. Sie haben schon viele Kandidaten, welche mir gegenübersaßen, die Stelle verbaut.

Ein Personaler kann es nicht riskieren, seinem (internen oder externen) Kunden einen Blender vorzuschlagen, der nicht das hält, was er verspricht. Aus diesem Grund werden Menschen, die nicht authentisch wirken, von mir und den meisten meiner Berufskollegen umgehend ausgesondert.

## 5 Fragen in 30 Kategorien

Die nachfolgenden Fragen in 30 Kategorien zeigen die am häufigsten gestellten Fragen in Vorstellungsgesprächen auf und sortieren diese unter der Fragestellung, welche Ihr Gegenüber abklären will. Dazu finden Sie in jeder Fragenkategorie auch die erwünschten Qualifikationen, welche Ihr Gegenüber mit der Frage klären möchte.

Machen Sie nicht den Fehler, die Fragen und Ihre Antworten darauf auswendig zu lernen. Denken Sie an die dritte Dimension, die Glaubwürdigkeit! Es kann aber durchaus Sinn machen, wenn Sie sich schon vorab ein paar Gedanken zu den verschiedenen Fragestellungen machen, und vor allem, wenn Sie Fragen im Interview immer kurz daraufhin analysieren, welche Information Ihr Gegenüber damit womöglich gewinnen will. Sie kommen dann schneller »auf den Punkt«.

## 5.1 Aktives Zuhören

- Wie stellen Sie sicher, dass Sie Ihr Gegenüber richtig verstanden haben?
- Schildern Sie ein besonders folgenreiches Missverständnis in Ihrer beruflichen Vergangenheit.
- Ist es schon vorgekommen, dass sich Kollegen betreffend nicht-berufsbezogener Themen an Sie wandten, wenn sie Rat gebraucht haben? Wie haben Sie reagiert?
- Wie gehen Sie vor, wenn Sie den Eindruck haben, dass Sie Ihr Gegenüber nicht richtig verstanden haben?
- Wie gehen Sie vor, wenn Sie an einem Konflikt beteiligt sind?

**Qualifikationen:**

- Ist ein guter Zuhörer.
- Wendet deeskalierende Gesprächstechniken erfolgreich an.
- Versucht, seinen Gesprächspartner zu verstehen.
- Vermeidet vorschnelle Urteile und Wertungen.
- Ist ein von Kollegen geschätzter Gesprächspartner.

**5.2 Auftreten**

- Wie wirken Sie auf andere Menschen? Haben Sie dazu schon Rückmeldungen von Ihrem beruflichen Umfeld erhalten? Welche?
- Was macht Ihnen am meisten zu schaffen, wenn Sie öffentlich auftreten?
- Wie fühlen Sie sich vor einem wichtigen beruflichen Treffen? Wie bereiten Sie sich

darauf vor?
- Wie reagieren Ihre Geschäftspartner auf Sie? Wie erklären Sie sich das?
- Schildern Sie eine Situation, wo bei Ihnen ein öffentlicher Auftritt nicht optimal verlief. Was waren die Gründe?

**Qualifikationen:**

- Tritt in fremder Umgebung selbstsicher und bestimmt auf.
- Schätzt seine Wirkung auf sein Umfeld realistisch ein.
- Ist authentisch im Auftritt.
- Hat gute, der Situation angepasste Umgangsformen.
- Hat eine positive Ausstrahlung.

**5.3 Ausdauer**

- Wovon hängt ab, ob Sie eine einmal getroffene Entscheidung durchziehen?
- Unter welchen Umständen kommen Sie auf eine einmal getroffene Entscheidung zurück?
- Wie gehen Sie mit Routinearbeit um? Geben Sie ein Beispiel dafür.
- Welche Arten von Aufgaben geben Ihnen Energie, welche kosten Sie besonders viel Energie?
- Beschreiben Sie eine Situation, wo sie trotz großen Einsatzes scheinbar zu keinem Resultat kamen.
- Wie wichtig ist es Ihnen, eine konstante Leistung zu bringen und wie schaffen Sie das?
- Hatten Sie in Ihrer beruflichen Tätigkeit schon mit Widerständen zu tun? Nennen Sie ein Beispiel und wie Sie damit umgegangen sind.
- Ist Durchhaltewille für Sie eine wichtige

Eigenschaft? Wie zeigt sich diese in Ihrem beruflichen Werdegang?
- Wenn Sie eine Sache begonnen haben, wovon hängt es ab, ob Sie diese zu Ende bringen?
- In welchen Situationen in Ihrer beruflichen Vergangenheit haben Sie zu früh aufgegeben?

**Qualifikationen:**

- Verfolgt Ziele konsequent.
- Hat Durchhaltewillen.
- Bringt angefangene Aufgaben zu Ende.
- Behält auch unter Zeitdruck Leistungsniveau und Übersicht.
- Kann mit Widerständen umgehen.

### 5.4 Belastbarkeit

- Schildern Sie eine Situation, in der Sie sich unter Druck gefühlt haben. Wie sind Sie vorgegangen und was war das

Resultat?
- Wie reagieren Sie, wenn Ihnen jemand kurz vor Feierabend oder Wochenende einen größeren, eiligen Auftrag übergibt?
- Schildern Sie eine Arbeitssituation, in der Sie sich überlastet fühlten.
- Wie reagieren Sie auf Unterbrechungen und Störungen in Ihrer Arbeit?
- Beschreiben Sie eine Situation, in der Sie zum Erreichen Ihres Zieles Hindernisse überwinden mussten.

**Qualifikationen:**

- Besitzt Stressresistenz.
- Ist freundlich und humorvoll.
- Zeigt Bereitschaft zur Übernahme von Zusatzaufgaben.
- Geht souverän mit Störungen um.
- Zeigt Bereitschaft zu Extraleistungen.
- Bewahrt in hektischen Situationen Ruhe und Übersicht.
- Gibt auch bei Schwierigkeiten und Widerständen nicht auf.

- Zeigt geringe Leistungsschwankungen.
- Besitzt Burn-out-Resistenz.

## 5.5 Empathie

- Wie erkennen Sie, was Ihrem Gegenüber wichtig ist?
- Wie stellen Sie sich auf Geschäftspartner / Mitarbeiter ein? - Geben Sie ein konkretes Beispiel.
- Welches war die bisher schwierigste Person, mit der Sie zurechtkommen mussten? Wie sind Sie vorgegangen? Wie war das Resultat?
- Wie gehen Sie vor, wenn Sie den Eindruck haben, dass es zurzeit einem Kollegen nicht so gut geht?

**Qualifikationen:**

- Kann sich auf Bedürfnisse von Gesprächspartnern einstellen.
- Erkennt die Befindlichkeiten seines

Gegenübers und kann sich darauf einstellen.
- Nimmt auf Gefühle und Bedürfnisse anderer Rücksicht.
- Erkennt zwischenmenschliche Konflikte und reagiert darauf angemessen.

## 5.6 Entscheidungsfreude

- Welchen Entscheidungen gehen Sie am liebsten aus dem Weg?
- Welchen Entscheidungsspielraum hatten Sie in Ihren bisherigen Tätigkeiten und welchen hätten Sie gebraucht, um (noch) bessere Resultate zu erreichen?
- Sichern Sie sich ab, wenn Sie Entscheidungen treffen? Wie? Wie sind Sie bisher damit gefahren?
- Wie gehen Sie vor, wenn Sie wichtige Entscheidungen treffen müssen?
- Fragen Sie andere um Rat, wenn Sie Entscheidungen treffen müssen? Wie gehen Sie mit Ratschlägen um, wenn

Ihnen diese falsch erscheinen?
- Beschreiben Sie eine Entscheidung und ihre Folgen, die im Nachhinein gesehen besonders positiv waren.
- Wie könnten Sie Ihre Entscheidungsfähigkeit noch verbessern?
- Beschreiben Sie eine Entscheidung, die Sie aus heutiger Sicht zu spät getroffen haben oder wo Sie sich falsch entschieden haben. Was würden Sie aus heutiger Sicht anders machen?
- Aufgrund welcher Kriterien treffen Sie Entscheidungen?
- Wo tun sie sich leicht, Entscheidungen zu treffen, und wo schwer?
- Was sind Ihre besonderen Stärken in der Entscheidungsfindung?
- Ist es schon vorgekommen, dass Sie eine Entscheidung geändert haben, nachdem diese kritisiert wurde? Geben Sie ein Beispiel.

**Qualifikationen:**

- Entscheidet rechtzeitig.
- Entscheidet überlegt.
- Berücksichtigt in Entscheidungen Rat von Fachleuten.
- Nutzt Entscheidungsspielräume aus.

## 5.7 Fachkenntnisse

- Wie haben Sie Ihre Fachkenntnisse erworben und wie halten Sie sie auf dem neuesten Stand?
- Wie erfolgreich waren Sie im Vergleich zu Ihren Kollegen (in Beruf, Studium, Ausbildung)?
- Haben Sie für Ihre fachlichen Kenntnisse in der Vergangenheit besondere Anerkennung erhalten? Von wem und wofür?
- Welche Rolle spielen Ihre Fachkenntnisse für Ihren beruflichen Erfolg?

**Qualifikationen:**

- Ist auf seinem Gebiet ein anerkannter Fachmann.
- Findet sich in seinem Fachgebiet gut zurecht.
- Hat eine breite Erfahrungsbasis.
- Hat guten Überblick über sein Fachgebiet.

## 5.8 Flexibilität

- Beschreiben Sie eine Situation im beruflichen Kontext, in der Sie eine geplante Vorgehensweise spontan ändern mussten? Was war der Anlass? Wie sind Sie vorgegangen? Wie war das Resultat?
- Unter welchen Rahmenbedingungen sind Sie besonders leistungsfähig?
- Wie gehen Sie mit neuen Situationen und Herausforderungen um?

- Welche Veränderung in Ihrer beruflichen Vergangenheit war für Sie die größte Herausforderung? Wie haben Sie diese gemeistert?
- Wie schätzen Sie Ihre eigene Offenheit gegenüber neuen Rahmenbedingungen ein?
Wie gehen Sie damit um, wenn Kollegen in einem Team oder Projekt aus unterschiedlichen Kulturen stammen oder unterschiedlicher Herkunft sind? Geben Sie ein Beispiel?

**Qualifikationen:**

- Fähigkeit, in heterogenen Teams zu arbeiten.
- Greift Vorschläge anderer auf.
- Toleriert andere und deren (abweichende) Meinung.
- Ist betreffend Arbeitszeiten situationsangepasst.
- Kann sich auf neue Situationen und Personen einstellen.

- Kommt mit Störungen und herausfordernden Situationen zurecht.

## 5.9 Frustrationstoleranz

- Erzählen Sie uns von Ihrem letzten beruflichen Misserfolg. Wie sind Sie damit fertig geworden?
- Wie motivieren Sie sich nach einem Misserfolg?
- Wie gehen Sie damit um, wenn Sie sich von Ihren Arbeitskollegen nicht unterstützt fühlen?
- Beschreiben Sie einen schwerwiegenden persönlichen Rückschlag in Ihrer beruflichen Vergangenheit.
- Was demotiviert Sie?
- Wie gehen Sie mit einer Absage um?
- Beschreiben Sie eine Situation, in der Sie Ihren Job an den Nagel hängen wollten.
- Was fanden Sie in Ihrer letzten Stelle besonders frustrierend?
- Wie gehen Sie damit um, wenn Sie trotz

großen persönlichen Einsatzes keinen Erfolg haben?
- Was macht Sie wütend?
- Wie gehen Sie damit um, wenn Sie für Ihre Arbeit Daten oder Unterlagen brauchen und diese von den betreffenden Kollegen nicht erhalten?
- Sind Sie eher optimistisch oder pessimistisch verglichen mit Ihren früheren Arbeitskollegen?
- Wie reagieren Sie, wenn andere Menschen Sie aus der Fassung bringen?

**Qualifikationen:**

- Lässt sich von Misserfolgen nicht entmutigen.
- Führt notwendige Dinge zu Ende, auch wenn sie keinen Spaß machen.
- Kann sich selbst motivieren.
- Lässt andere Frustration nicht spüren.
- Geht mit Rückschlägen konstruktiv um.
- Fühlt sich in kontroversen Gesprächen nicht persönlich angegriffen.

## 5.10 Initiative

- Gab es in Ihrer (beruflichen) Vergangenheit Situationen, in denen Sie die Sache in die Hand genommen und erfolgreich realisiert haben? Um was ging es? Was haben Sie getan? Wie war das Ergebnis?
- Wie gewinnen Sie neue Kunden? Schildern Sie einen konkreten Fall aus der Vergangenheit. (Die Frage kann auch bei Mitarbeitern ohne direkten Verkaufsauftrag gestellt werden.)
- Haben Sie in Ihrer letzten Stelle Innovationen oder Verbesserungen vorgeschlagen? Wurden diese umgesetzt? (Warum/warum nicht?)
- Beschreiben Sie eine Situation, in der Sie eine gute geschäftliche Gelegenheit erkannt haben. Wie sind Sie damit umgegangen?

**Qualifikationen:**

- Bereitschaft, sich auch in Themen außerhalb der eigenen Kernkompetenz einzubringen.
- Vorhandene Innovations-Fähigkeit /-Bereitschaft.
- Ergreift die Initiative.
- Erarbeitet Ideen von sich aus.
- Gibt sich nicht mit Erreichtem zufrieden, sondern sucht nach Verbesserungsmöglichkeiten.
- Auf Kunden fokussiert.
- Hat Ideen zur Akquisition neuer Kunden und deren Umsetzung.
- Macht erfolgreich Verbesserungsvorschläge.
- Macht konstruktive und zielführende Verbesserungsvorschläge.

## 5.11 Integrität

- Wie gehen Sie damit um, wenn die Ziele und Anforderungen Ihrer Arbeitsstelle mit Ihren eigenen kollidieren? Geben Sie ein Beispiel.
- Wie gehen Sie damit um, wenn Sie mit einer Person in Ihrem Umfeld (Vorgesetzter, Kollege, Untergebener) Probleme haben?
- Es gibt Situationen, wo Ihre Aufgabe es erfordern kann, dass Sie etwas tun, was Sie normalerweise nicht tun würden oder was Ihren Werten zuwiderläuft. Gab es in Ihrer beruflichen Vergangenheit solche Situationen? Wie sind Sie damit umgegangen?

**Qualifikationen:**

- Wirkt integer und vertrauenswürdig.
- Verhalten und Werte stimmen überein.
- Kann zwischen persönlichen und

beruflichen Notwendigkeiten unterscheiden.
- Unterstützt die Unternehmenspolitik rückhaltlos gegen außen.
- Bewegt sich innerhalb gesetzlicher Bestimmungen und ethischer Normen.
- Setzt erforderliche Maßnahmen um.

## 5.12 Integrationsfähigkeit /

**Integrationsbereitschaft**

- Wie gehen Sie vor, wenn Sie als Neuer in ein neues Team kommen?
- Wie gehen Sie vor, wenn neue Kollegen in Ihr Team kommen?
- Wie gehen Sie mit abweichenden Meinungen und Vorstellungen um?
- Haben Sie in der Vergangenheit schon in Teams mit Menschen aus unterschiedlichen Kulturkreisen gearbeitet? Wie haben Sie das erlebt? Wie waren Ihre Erfahrungen damit?

- Wie gelingt es Ihnen, Menschen für gemeinsame Ziele zu begeistern?
- Arbeiten Sie erfolgreicher alleine oder im Team?

**Qualifikationen:**

- Kann sich gut in ein Team integrieren.
- Kann Mitarbeiter gut in ein Team integrieren.
- Kann sich gut in heterogenen / interkulturellen Teams integrieren.
- Erreicht Ergebnisse gut im Team.
- Vermittelt anderen Ziele und Werte.

## 5.13 Kreativität

- Welche Rolle spielt Kreativität in Ihrem Beruf?
- Welche konkreten Neuerungen oder Verbesserungen haben Sie in früheren Stellen eingeführt bzw. bei welchen Neuerungen oder Verbesserungen hatten

Sie maßgeblichen Anteil an der Einführung?
- Was war Ihr bisher originellster Einfall? Wie haben Sie ihn realisiert?
- Wie gehen Sie vor, wenn Sie einen Einfall haben, wie etwas bei der Arbeit verbessert werden könnte? Schildern Sie ein konkretes Ereignis aus Ihrer beruflichen Vergangenheit. Wie waren die Resultate?

**Qualifikationen:**

- Geht erfolgreich neue Wege.
- Ist fähig, kreative Lösungen zu erarbeiten und diese auch umzusetzen.
- Regt durch seine Einfälle Innovationen an.
- Denkt mit und findet auch unkonventionelle Lösungen.

## 5.14 Konfliktverhalten

- Wie verhalten Sie sich bei einem Konflikt?
- Welchen Konflikten gehen Sie am liebsten aus dem Weg?
- Wie gehen Sie vor, um einen Konflikt beizulegen?
- Was war der bisher größte Konflikt, den Sie im Arbeitskontext hatten und wie haben Sie ihn gelöst?
- Wann stellen Konflikte Chancen für Sie dar?

**Qualifikationen:**

- Bewältigt Konflikte konstruktiv.
- Kann Maßnahmen auch dann durchsetzen, wenn sie unpopulär sind und das Risiko für Konflikte bergen.
- Geht kompetent mit Konflikten um.
- Geht Konflikten nicht aus dem Weg.

## 5.15 Kontaktfähigkeit und Auftreten

- Wie gewinnen Sie normalerweise Kontakt zu neuen Arbeitskollegen, Kunden oder Fremden?
- Was bedeutet Networking für Sie? Welche Erfahrungen haben Sie damit gemacht?
- Wie gehen Sie vor, wenn Sie sich in einem bestehenden Team eingliedern sollen?
- Sind Sie teamfähig?
- Beschreiben Sie eine Situation, in der der Umgang mit Kunden besonders positiv verlief? Was hätten Sie tun können, um in der Situation noch bessere Resultate zu erreichen?
- Wie häufig gehen Sie mit Arbeitskollegen außerhalb der Arbeitszeit aus?
- Wie wichtig ist es Ihnen, mit anderen zusammen zu sein?
- Wie wichtig ist Ihnen ein positiver Umgang mit Ihren Kollegen?

**Qualifikationen:**

- Kann leicht Kontakt mit anderen knüpfen.
- Geht aktiv auf andere Menschen zu.
- Kann andere gut für sich gewinnen.
- Integriert sich leicht in ein bestehendes Team.
- Hat eine gute Beziehung zu Geschäftspartnern.
- Hat ein positives Menschenbild.

## 5.16 Leistungsbereitschaft

- Welche Leistung in der Vergangenheit macht Sie besonders stolz? Warum?
- Was sind typischerweise Ziele, die Sie sich setzen?
- Was motiviert Sie zu Topleistungen?
- Welche Ansprüche stellen Sie an sich und andere, wenn Sie eine Aufgabe beginnen? Nennen Sie Beispiele.
- Erzählen Sie von einer Situation, in der Sie »über sich hinausgewachsen sind«

und dadurch besonderen Erfolg erreicht haben.

**Qualifikationen:**

- Besitzt überdurchschnittliche Leistungsbereitschaft.
- Begeistert sich für Aufgaben.
- Zeigt Termintreue.
- Bringt Bereitschaft mit, die »Extrameile« zu gehen.
- Stellt Anforderungen an sich und andere.
- Betrachtet Aufgaben als Entwicklungschance.

**5.17 Lernbereitschaft**

- Wie bilden Sie sich (außerhalb der Arbeit) weiter?
- Wie halten Sie Ihr Fachwissen auf dem neuesten Stand?
- Wie viele Stunden pro Monat wenden Sie für Weiterbildung auf?

- Was war das Fachbuch aus Ihrem Arbeitsumfeld, das Sie zuletzt gelesen haben? Warum dieses?
- In welcher Phase Ihrer Berufslaufbahn haben Sie besonders stark an sich gearbeitet? Wie?
- Welche Neuerungen auf Ihrem Fachgebiet stehen Ihrer Meinung nach bevor und wie bereiten Sie sich darauf vor?

**Qualifikationen:**

- Hält Wissen auf neuestem Stand.
- Motivation, sich weiterzubilden.
- Bereitschaft und Fähigkeit, sich rasch weiterzubilden.
- Kenntnisse in angrenzenden Fachbereichen.
- Eigenmotivation für Weiterbildung / Weiterentwicklung vorhanden.

## 5.18 Mitarbeiterführung

- Wie entscheiden Sie, welche Aufgaben Sie an welchen Mitarbeiter delegieren?
- Wie delegieren Sie Aufgaben an Mitarbeiter?
- Wie stellen Sie sicher, dass die Mitarbeiter, die an sie delegierten Aufgaben auch pünktlich und in guter Qualität erledigen?
- Wie gehen Sie vor, wenn ein Mitarbeiter die an ihn übergebenen Aufgaben nicht zu Ihrer Zufriedenheit erledigt?
- Wie fördern Sie Mitarbeiter?
- Welches war Ihre bisher schwierigste Situation mit einem Mitarbeiter? Wie haben Sie diese gelöst?
- Welchen Einfluss haben Mitarbeiter auf Ihr Entscheidungsverhalten?
- Wie stellen Sie sicher, dass Ihre Mitarbeiter wissen, was Sie von ihnen erwarten?
- Wie stellen Sie sicher, dass Ihre Mitarbeiter wissen, wie Sie ihre

Leistungen bewerten?
- Was sind Ihre besonderen Stärken bei der Förderung anderer?
- Haben Sie je von Untergebenen ein Feedback zu Ihrem Führungsverhalten erhalten? Welches? Beschreiben Sie den Grund.

**Qualifikationen:**

- Ist eine erfahrene Führungsperson.
- Wird von Mitarbeitern als Vorgesetzter akzeptiert.
- Vereinbart mit Mitarbeitern Ziele und kontrolliert diese.
- Delegiert Aufgaben nach Kompetenzen.
- Gibt regelmäßiges Feedback an Mitarbeiter.
- Fördert Mitarbeiter in ihrer Entwicklung.

## 5.19 Motivation (stellenbezogen)

- Was interessiert Sie an der Aufgabe am

meisten?
- Warum haben Sie sich gerade auf diese Stelle beworben?
- Warum haben Sie diesen Beruf gewählt?
- Was motiviert Sie besonders (im Arbeitskontext)?

**Qualifikationen:**

- Identifiziert sich mit Arbeit.
- Sieht Arbeit als Herausforderung.
- Erledigt Arbeit rasch und gründlich.
- Zeigt Engagement auch über die Arbeitszeit hinaus für seine Aufgabe.
- Hat Spaß an der Arbeit.

**5.20 Mündlicher Ausdruck**

- Welches sind Ihre Stärken in der Kommunikation?
- Haben Sie schon Feedback zu Ihrer Fähigkeit, Sachverhalte zu präsentieren, erhalten? Welche?

- In welchem Bereich möchten Sie Ihre Präsentationsfähigkeiten am ehesten verbessern?
- Wann haben Sie das letzte Mal eine Präsentation vor fremden / Ihnen bekannten Personen gehalten? Schildern Sie Ihren Erfolg und wie Sie sich dabei fühlten?
- Wie bereiten Sie sich auf eine Präsentation vor?
- Gelingt es Ihnen einfach, Menschen komplexe Sachverhalte so zu schildern, dass sie diese verstehen?
- Kommunizieren Sie lieber telefonisch oder per E-Mail? Warum? Wo sehen Sie die Vorteile und Nachteile?
- Welches war das größte Publikum (Anzahl), vor dem Sie je eine Rede / einen Vortrag hielten? Wie war das Resultat? Wie fühlten Sie sich davor / dabei?
- Gab es schon Situationen, wo Sie in einer Präsentation falsch verstanden wurden? Was war der Grund? Was

waren die Auswirkungen?

**Qualifikationen:**

- Stellt Sachverhalte klar, verständlich und übersichtlich dar.
- Ist redegewandt.
- Redet strukturiert und verständlich.
- Redet flüssig und differenziert.
- Bereitet Präsentationen zielführend vor.
- Ist in der Lage, vor einer großen Menschenmenge vorzutragen.

## 5.21 Umsetzungskompetenz

- Wenn Sie eine Entscheidung getroffen haben, wie gehen Sie vor, um diese umzusetzen?
- Welche Entscheidungen umzusetzen fällt Ihnen besonders schwer? Warum?
- Wie gehen Sie vor, wenn Sie eine Entscheidung umsetzen sollen, von der Sie nicht überzeugt sind?

- Wie gehen Sie vor, um Ihr Team von einem gemeinsamen Ziel zu überzeugen und es dazu anzuspornen, dieses mit Ihnen gemeinsam zu erreichen?
- Gehen Sie davon aus, dass ich Ihr Kunde sei. Schildern Sie mir die Vorteile des Hauptproduktes Ihres früheren Arbeitgebers gegenüber dem eines seiner Marktbegleiter.
- Was macht es Ihnen besonders schwer, einen Entscheid umzusetzen? Schildern Sie eine entsprechende Situation aus Ihrer beruflichen Vergangenheit.

**Qualifikationen:**

- Ist in der Lage, Entscheidungen umzusetzen.
- Vermittelt anderen gemeinsame Ziele und Werte.
- Beeinflusst die Teambildung positiv.
- Kann sich und andere für eine Sache begeistern.
- Erreicht Ziele gemeinsam mit anderen.

- Ist in der Lage, auch Aufgaben umzusetzen, denen er kritisch gegenübersteht.
- Arbeitet systematisch und zielorientiert.
- Bindet sein Team mit ein, um ein Ziel zu erreichen.

**5.22 Urteilsvermögen**

- Wie gehen Sie vor, wenn Sie wichtige Entscheidungen treffen müssen?
- Haben Sie manchmal schlaflose Nächte vor wichtigen Entscheidungen?
- Welches war die bislang wichtigste Entscheidung für Sie? Wie sind Sie vorgegangen? Wie schätzen Sie Ihre Entscheidung im Nachhinein ein?
- Welches war die bislang schwierigste Entscheidung für Sie? Wie sind Sie vorgegangen? Wie schätzen Sie Ihre Entscheidung im Nachhinein ein?

**Qualifikationen:**

- Geht verantwortlich mit Entscheidungen um.
- Erkennt Probleme und schätzt deren Ursachen und Auswirkungen realistisch ein.
- Trifft Entscheidungen überlegt.
- Berücksichtigt Informationen aus verschiedenen Quellen als Grundlage für Entscheidungen.

### 5.23 Planung und Organisation

- Konnten Sie durch gute Planung in der Vergangenheit Erfolge erzielen? Bitte erzählen Sie uns davon.
- Wie gehen Sie vor, wenn Sie ein neues Verkaufsgebiet übernehmen?
- Wie stellen Sie sicher, dass Sie Ihre Aufgaben erfolgreich lösen?
- Wie behalten Sie den Überblick über unerledigte Arbeiten?

- Was tun Sie, um noch effektiver zu arbeiten?
- Wie planen Sie Ihren Arbeitstag?

**Qualifikationen:**

- Setzt klare Prioritäten.
- Weiß, worauf es ankommt.
- Hält sich an Termine und Kostenvorgaben.
- Hat seine Aufgaben im Griff.
- Arbeitet systematisch.
- Setzt klare Ziele und verfolgt diese konsequent.
- Ist ein gründlicher Planer.

**5.24 Problemanalyse**

- Wie gehen Sie vor, wenn Sie ein Problem zu lösen haben?
- Nach welcher Methode priorisieren Sie Ihre täglichen Aufgaben?
- Welche Rolle spielt Intuition bei der

Lösung von Problemen?
- Schildern Sie anhand eines konkreten Problems, wie Sie an eine Aufgabe herangegangen sind und welches Ergebnis Sie dabei erzielt haben.
- Welche Art von Problemen bietet für Sie die größte Herausforderung? Wie gehen Sie damit um?
- Beschreiben Sie ein Problem aus Ihrem beruflichen Leben, welches Sie trotz vollen Einsatzes nicht zu lösen vermochten. Wie gingen Sie vor? Weshalb waren Sie nicht erfolgreich?
- Welches war das bisher schwierigste Problem, das Sie zu lösen hatten? Wie sind Sie vorgegangen?

**Qualifikationen:**

- Denkt analytisch in Abläufen und Strukturen.
- Schätzt Aufgabenstellungen realistisch ein.
- Sieht Probleme als Herausforderungen.

- Erfasst Probleme rasch und erkennt Gesamtzusammenhänge.
- Holt aktiv fehlende Informationen ein.
- Gewinnt schnell einen Überblick und ist in der Lage, Zwischenziele und Prioritäten zu setzen.
- Beschafft sich fehlende Informationen.

**5.25 Schriftlicher Ausdruck**

- Haben Sie schon Texte verfasst, welche für mehrere Personen (z.B. Kunden, mehrere Mitarbeiter, Geschäftspartner) bestimmt waren? Welches Feedback haben Sie dazu bekommen?
- Welches war der anspruchsvollste Text, den Sie je geschrieben haben und welches Ergebnis haben Sie damit erzielt?
- Haben Sie je etwas geschrieben, was für ein breiteres Publikum bestimmt war (Publikation in Zeitschrift, Zeitung, Internet, Buch)? Wie waren die

Feedbacks?
- Wie würden Sie vorgehen, wenn Sie für eine Zeitschrift einen Artikel zum Thema ... schreiben müssten? Wie fangen Sie an? Wie strukturieren Sie das Ganze? Wie fühlen Sie sich dabei?

**Qualifikationen:**

- Ist im Verfassen von Texten für eine größere Leserschaft erfahren.
- Kann Sachverhalte verständlich und anschaulich darstellen.
- Schreibt prägnant.
- Drückt sich klar und verständlich aus.
- Ist in der Lage, auch größere Schreib-Aufgaben strukturiert anzugehen und zu bewältigen.

### 5.26 Selbstständigkeit

- Welche Aufgaben in Ihrer letzten Arbeitsstelle führten Sie selbstständig

aus? Welche mussten Sie mit anderen abstimmen?
- Gab es in der Vergangenheit Situationen, wo Sie Entscheidungen treffen mussten, ohne sich abzustimmen, auch wenn Sie das eigentlich gesollt hätten? Welche Folgen entstanden daraus?
- Gibt es Situationen, wo Sie sich von Vorgesetzten allein gelassen fühlten? Wie sind Sie damit umgegangen?
- Kommt es vor, dass Kollegen Sie um Ihren Rat fragen? Geben Sie ein Beispiel.

**Qualifikationen:**

- Vertritt Meinungen auch gegen Widerstände.
- Arbeitet eigenverantwortlich nach Zielvorgaben.
- Löst Probleme ohne Rückdelegation und permanente Absicherung.
- Ist bereit, bei Bedarf Einscheidungen zu treffen und dafür einzustehen.
- Weiß sich in anspruchsvollen Situationen

zu helfen.

## 5.27 Sorgfalt

- Beschreiben Sie einen Fehler, den Sie in der Vergangenheit in einer Arbeitsstelle machten, der gravierende Auswirkungen hatte. Was haben Sie daraus gelernt?
- Bei welchen Arbeiten in Ihrer letzten Stelle kam es auf besonders gründliches Arbeiten an? Wie haben Sie die Aufgabe gelöst?
- Wie gehen Sie vor, um möglichst wenige Fehler bei der Arbeit zu machen?
- Welche Fehler im Arbeitsablauf konnten dank Ihrer Anregungen oder Aktivitäten beseitigt werden?
- Wie gehen Sie damit um, wenn Sie einen Fehler gemacht haben?

**Qualifikationen:**

- Arbeitet genau und gründlich.

- Beachtet auch Details.
- Hält Vorgaben präzise ein.
- Optimiert sich selbst.
- Ist zuverlässig und verlässlich.

**5.28 Teamfähigkeit**

- Welche Bedeutung hat Teamarbeit für Sie?
- Hatten Sie in Ihrer beruflichen Vergangenheit schon herausfordernde Situationen bei der Arbeit im Team? Welche und wie haben Sie diese gemeistert?
- Welche Rolle nehmen Sie bei der Arbeit im Team ein?
- Wie arbeiten Sie im Team? Geben Sie Beispiele.

**Qualifikationen:**

- Ist ein erfolgreicher Teamplayer.
- Arbeitet mit der Gruppe zusammen, um

ein gemeinsames Ziel zu erreichen.
- Wird von Kollegen geschätzt.
- Ist auch über Ziele außerhalb des eigenen Bereiches orientiert.
- Bezieht Kollegen mit ein und erreicht gemeinsamen Mehrwert.
- Stellt sich auf die einzelnen Gruppenmitglieder ein.

### 5.29 Verhandlungsgeschick

- Wie gelingt es Ihnen, in Verhandlungen Ihr Verhandlungsziel durchzusetzen? Nennen Sie ein konkretes Beispiel aus Ihrem Beruf.
- Was war Ihr bisher bester Einfall, um einen anderen für sich zu gewinnen?
- Was ist in Verhandlungen Ihre größte Herausforderung? Wie meistern Sie sie? Nennen Sie ein konkretes Beispiel.
- Wie bereiten Sie sich auf eine wichtige Verhandlung vor?
- Gab es Fälle, wo Sie in Verhandlungen

nicht Ihre Ziele erreichten? Was würden Sie in einem vergleichbaren Fall anders machen?

**Qualifikationen:**

- Kann sich und seine Ziele in Verhandlungen durchsetzen.
- Erreicht sein Ziel, ohne dominant zu wirken.
- Berücksichtigt Argumente von Gesprächspartnern und geht darauf ein.
- Argumentiert schlüssig und nachvollziehbar.
- Weiß sich zu helfen.
- Bereitet sich gezielt auf Verhandlungen vor.

### 5.30 Verkaufsgewandtheit

- Wie bereiten Sie ein Kundengespräch vor?
- Was war Ihr bisher größter

Verkaufserfolg? Wie sind Sie dabei vorgegangen? Gibt es etwas, was Sie aus heutiger Sicht noch besser hätten tun können?
- Beschreiben Sie, wie Sie einem Laien einen komplexen Sachverhalt erklären. Geben Sie ein Beispiel.
- Welches war Ihr bisher größter Misserfolg im Verkauf? Was haben Sie daraus gelernt?
- Wie gehen Sie mit Konflikten um? Geben Sie ein konkretes Beispiel aus einer Situation mit einem Kunden.
- Welchen Konflikten gehen Sie am liebsten aus dem Weg?
- Was macht Ihnen beim Verkauf am meisten Spaß?
- Fällt es Ihnen leicht, neue Interessenten anzusprechen? Beschreiben Sie eine Erfahrung, wo Ihnen dies besonders gut gelungen ist.
- Was ist Ihrer Meinung nach der entscheidende Faktor, damit sich jemand für Ihr Angebot entscheidet?

- In welchen Situationen fällt es Ihnen besonders schwer, Ihre Produkte / Dienstleistungen zu verkaufen?

**Qualifikationen:**

- Findet den richtigen Ton.
- Kann zielgruppengerecht argumentieren.
- Erreicht geschickt sein Gesprächsziel.
- Kann sich für die Sache begeistern.
- Bereitet sich gut vor.
- Ist abschlussstark.
- Geht auf Kundenanliegen ein.
- Ist in der Lage, kritische Situationen positiv zu beeinflussen.

# 6 Antwort-Strategie im

**Vorstellungsgespräch**

Gerade in einer Interview-Situation kommt es vor, dass Menschen mehr von sich preisgeben, als sie wirklich möchten oder als gut für sie ist.

Besonders groß ist die Gefahr, wenn sich ein Kandidat nach einer Anspannungsphase »sicher fühlt« und entspannt. Viele geraten dann ins Plaudern. Abgesehen von der Tatsache, dass man dabei leicht die Kontrolle über das Gesagte verliert, kann auch allein die Tatsache, dass man so die Kontrolle aufgibt, für das Gegenüber gewisse Rückschlüsse über die Eignung für eine bestimmte Position zulassen.

Am besten werden Sie antworten, wenn Sie sich vor der Antwort ganz kurz überlegen, was Ihr Gegenüber mit der Frage herausfinden möchte. Dann werden Ihre Antworten tendenziell am besten ankommen. Versuchen Sie dabei, auch Ihre Erkenntnisse aus den drei Dimensionen einzubeziehen und damit Ihrem Gegenüber möglichst die Argumente zu liefern, um Sie in die »nächste Runde« mitzunehmen.

Machen Sie sich in jedem Fall auch auf überraschende Fragen sowie die üblichen Fragen nach Lebenslauf, Stärken, Schwächen etc. gefasst.